구약 이야기-②

하나님이 우리를 지켜주세요

글 : 박영득

글 • 박영득 목사

박영득 목사는 서울 장신대와
장로회신학대학원을 거쳐 미국 캘리포니아
신학대학원에서 문학 석사와 목회학 박사 학위를
취득하였습니다.
서울 장신대학과 여러 신학교에서 강의,
무디 M.B.S 성경 연구 프로그램을 목회자들과 함께 나누고 있으며
1990년 큰빛교회를 개척하여 지금까지 성도들을 섬기고 있습니다.

재미있는 52주 어린이 성경공부
구약이야기-❷

하나님이 우리를 지켜주세요

2008년 11월20일 3쇄 발행

펴낸이 • 최헌근
펴낸곳 • 말씀과 만남
디자인 • 김응남
등록번호 • 제20-444호
등록 일자 • 1991년 6월 19일

주소 • 138-220 서울특별시 송파구 잠실동 339-3
전화 • (031)594-6327, Fax.(031)594-6328
전자우편 • mmpress@hanmail.net

ISBN 89-7508-104-4
89-7508-102-8 (전 8권)

정가 • 3,000원

잘못된 책은 바꾸어 드립니다.

차례

이 책으로 공부하는 어린이에게

어린이 여러분!

성경을 공부하는 일이 얼마나 재미있는지 아세요?

성경은 이 세상에서 가장 귀중한 책이랍니다.

성경을 공부하면 하나님을 알게되지요.

하나님은 여러분이 하나님에 대하여 잘 알기를 원하셔요.

그러면 여러분과 늘 함께 계실 수 있으니까요.

여러분이 이 책을 공부하는 동안 하나님께서 많은 지혜와 복을 주실 거예요.

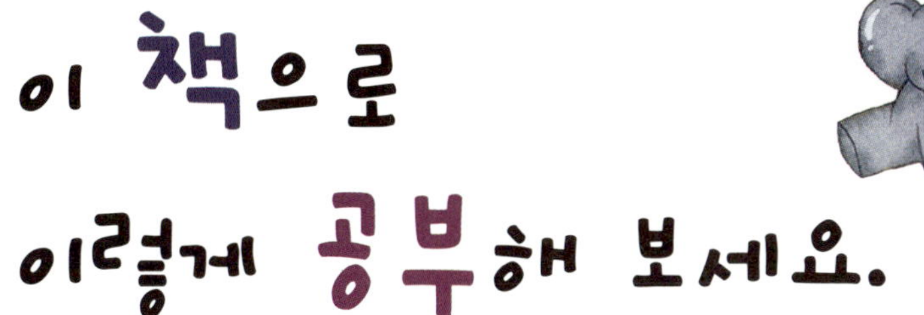

첫째, 본문 말씀을 성경에서 찾아 큰 소리로 읽어보세요.
중요한 말씀은 줄을 치면서 읽으세요.

둘째, 공과 공부 내용을 자세히 읽으세요. 그러면 성경에 쓰인 글이
재미있는 이야기로 바뀐 답니다.

셋째, 공과 공부 내용을 생각하면서 예쁜 그림을 보세요.

넷째, 그림을 보고 그림의 내용을 다른 사람에게 이야기 해 보세요.

다섯째, '함께 공부해요'문제를 풀어 보세요.
그러면 중요한 의미를 깨닫게 된답니다.

여섯째, 함께 이야기 할 부분을 잘 기록해서 주일날 선생님과
친구들과 이야기해 보세요.
자기의 생각을 마음속으로 잘 정리해서 분명한 발음으로 이야기해 보세요.
조금도 두려워할 필요가 없습니다.
또한 남의 이야기를 들을 때는 조용히 주의 깊게 들으세요.
나의 생각과 어떻게 다른지를 살피면 많은 도움이 된답니다.

14

창세기 37:1-36

팔려 가는 요셉

야곱에게는 열 두 아들이 있었어요. 그 중 열한 번째가 요셉이었어요. 요셉은 야곱이 늙어서 얻은 아들이었으므로 다른 아들들보다 더 사랑하여 아주 멋진 색동옷을 만들어 입혔어요. 그러자 다른 형들은 요셉을 시기하고 미워했어요.

어느 날, 요셉은 꿈을 꾸고, 꿈꾼 내용을 형들에게 이야기했어요.

"글쎄, 밭에서 우리가 곡식 단을 묶고 있는데, 내가 묶은 단이 우뚝 일어서고 형들이 묶은 단이 둘러서서 내가 묶은 단에게 절을 하지 않겠어요?" 꿈 이야기를 들은 요셉의 형들은, "네가 정말로 우리를 다스린다는 말이냐?"하면서, 요셉을 전보다도 더 미워하게 되었어요.

그 후, 요셉은 다시 꿈을 꾸었어요. 요셉은 꿈 이야기를 아버지와 형들에게 들려주었어요. "제가 또 꿈을 꾸었는데, 해와 달과 별 열 하나가 저에게 절을 하더군요." 아버지 야곱은 "뭐라고? 나와 네 어머니가 네게 절을 하게 된다고?"하면서 요셉을 꾸짖었습니다. 형들은 요셉을 질투했지만 아버지 야곱은 그 일을 마음속에 새겨 두었어요.

형들이 아버지의 양떼를 몰고 푸른 초장을 찾아 세겜으로 갔을 때, 야곱은 요셉에게 말했어요.

"요셉아, 형들이 잘 있는지, 그리고 양들도 괜찮은지 가서 알아보고 오너라."

요셉은 형들을 찾아 세겜으로 갔어요.

멀리서 요셉이 오는 것은 본 형들은 이 기회에 미운 요셉을 죽이자고 서로 의논했어요. 그러나 큰 형인 르우벤은 형제들에게 요셉을 구덩이에 던지자고 했어요. 그는 요셉을 구해 줄 생각이었거든요.

요셉이 다가오자, 형들은 와락 달려들어 옷을 벗기고 그를 구덩이 속에 던졌는데, 다행히 그 곳엔 물이 없었어요.

그들이 음식을 먹고 있을 때, 마침 이스마엘 상인들이 지나가고 있었어요. 형들은 그들에게 은 20냥을 받고 요셉을 팔아버렸어요. 그리고 형들은 아버지 야곱에게, 요셉이 짐승들에게 잡혀갔다고 거짓말을 하였어요. 야곱은 요셉을 생각하며 오랫동안 슬피 울었습니다.

외울 말씀 : "르우벤이 듣고 요셉을 그들의 손에서 구원하려 하여 가로되 우리가 그 생명은 상하지 말자."(창 37:21)

함께 공부해요

1. 야곱은 요셉을 특별히 사랑해서 (   )을 지어 입혔습니다.
2. 요셉의 곡식 단은 (   )고, 형들의 곡식 단은 요셉의 곡식 단을 향해 (   )을 했습니다.
3. 요셉의 형들은 요셉을 (   ) 속에 던져 넣었습니다.
4. 형들은 은 (   )냥에 요셉을 팔았습니다.

함께 이야기해요

1. 요셉의 처음 꿈 이야기를 해 보세요.
2. 요셉의 두 번째 꿈 이야기를 해 보세요.
3. 지금 미워하고 있는 사람이 있나요? 그가 왜 미운가요?

15

창세기 39:1-40:23

감옥에 갇힌 요셉

요셉은 애굽 왕 바로의 신하인 보디발이라는 사람 집으로 다시 팔려갔어요. 보디발의 종이 된 요셉은 열심히 일하여 주인으로부터 인정을 받게 되었지요. 하나님께서 요셉이 하는 일이 모두 잘 되게 하시자, 보디발은 요셉에게 집안 살림 전체를 맡겼어요.

요셉은 아주 잘 생긴 청년이었어요. 그런데 보디발의 아내가 요셉을 좋아하여 유혹을 했어요. 요셉이 단호히 유혹을 물리치자, 보디발의 아내는 화가 나서 요셉을 모함했어요. 보디발은 아내의 말을 그대로 믿고 요셉을 감옥에 가두었어요.

요셉은 하나님께 죄를 짓지 않았고 나쁜 짓도 안 했는데 감옥에 갇혔어요. 그렇지만 하나님께서는 감옥 속에서도 요셉을 돌보시고 사랑하셔서 간수장의 마음에 들게 해 주셨어요. 간수장은 요셉에게 모든 일을 맡기고 간섭하지 않았어요.

얼마 후에, 왕의 신하 두 사람이 감옥에 들어왔어요. 그 중 한 사람은 왕이 먹는 술을 관리하던 신하였고, 한 사람은 떡을 구워 올리는 신하였어요.

어느 날, 두 사람이 이상한 꿈을 꾸고 근심하자, 요셉은 그들의 꿈을 해석해 주었어요. 술 맡은 신하의 꿈은, 포도나무 한 그루가 있는데, 그 나무에는 세 가지가 뻗어 있고 싹이 나서 꽃이 피고 포도송이가 익었고, 그 포도를 따서 즙을 짜 왕에게 바쳤다는 것이었어요. 요셉은 그 꿈을 이렇게 해석해 주었어요.

"가지 셋은 사흘을 말하는데, 앞으로 사흘이 되면 당신은 풀려나서 다시 왕에게 술 시중을 들게 될 것입니다."

그러면서 요셉은, 그렇게 되면 왕에게 자기 사정을 이야기 하여 이곳에서 풀려나도록 부탁했습니다.

사흘 후에 요셉이 꿈을 해석해 준 대로 술 맡은 신하는 왕의 술시중 드는 일을 계속할 수 있게 되었고, 떡 맡은 신하는 처형을 당했습니다. 하나님께서 요셉에게 놀라운 지혜를 주신 것이지요.

그러나 술 맡은 신하는 요셉의 부탁을 잊고 말았습니다.

외울 말씀 : "여호와께서 요셉과 함께 하시므로 그가 형통한 자가 되어 그 주인 애굽 사람의 집에 있으니"(창 39:2)

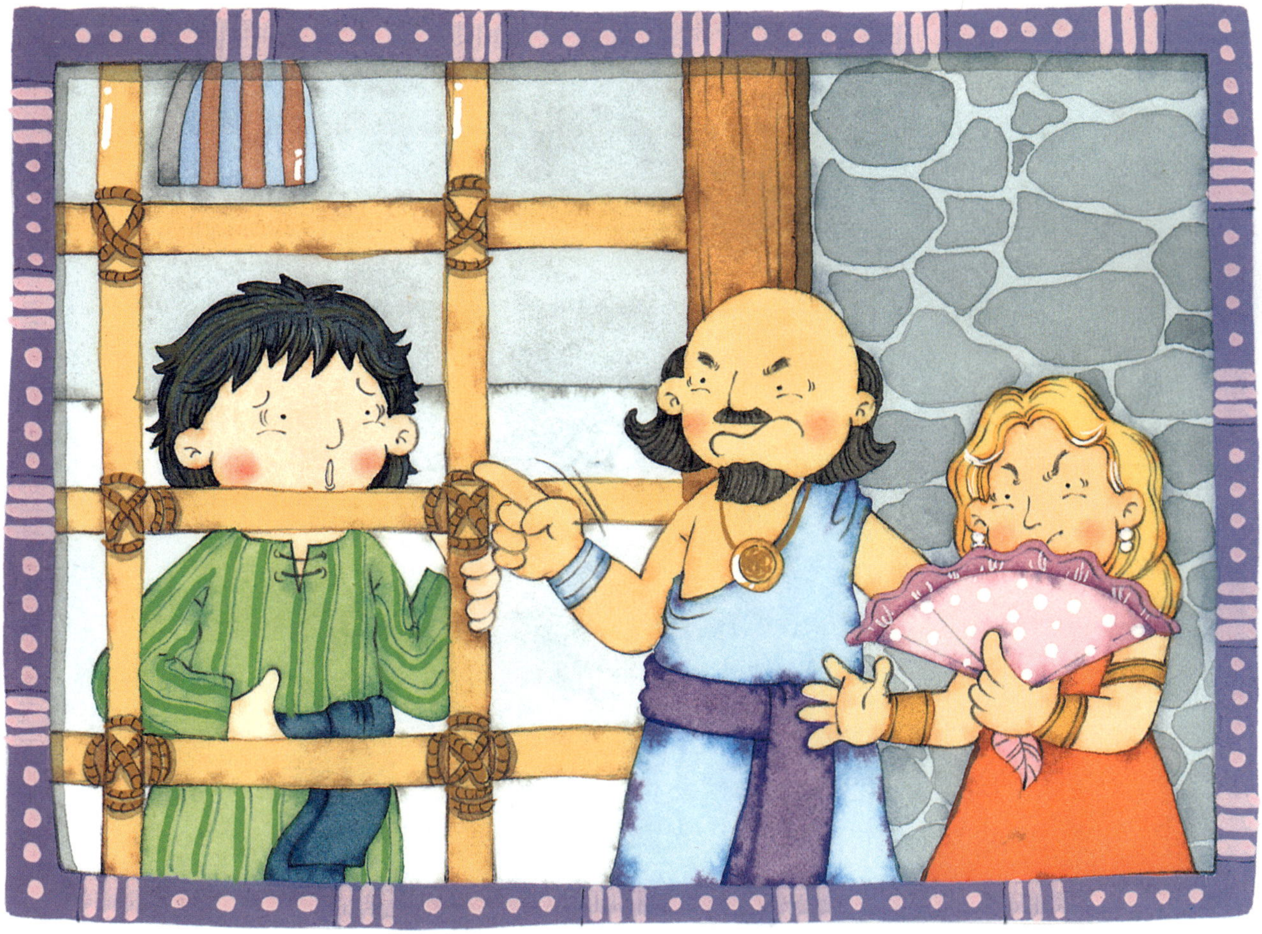

1. 요셉은 (　　　　　　)이라는 애굽 군인의 집에 팔렸습니다.
2. 하나님께서는 요셉의 하는 일은 모두 (　　　　　　) 하셨습니다.
3. 요셉은 단호하게 보디발 아내의 (　　　　　　)을 물리쳤습니다.
4. 요셉이 보디발 아내의 유혹을 물리칠 수 있었던 것은 (　　　　　　)했기 때문입니다.

1. 교회 오는데 어떤 유혹이 있습니까? 그 유혹을 어떻게 해야 하나요?
2. 어떻게 하면 하나님의 축복을 받을 수 있을까요?

16

창세기 41:1-36

바로의 꿈을 푸는 요셉

요셉이 감옥에 갇힌 지 2년이 지난 어느 날, 애굽 왕 바로는 이상한 꿈을 꾸었어요. 바로가 나일강가에 앉아 있는데, 아름답고 살찐 암소 일곱 마리가 물속에서 올라와 강가에서 풀을 뜯어 먹고 있었어요. 그런데 비쩍 마른 암소 일곱 마리가 올라와서 살찐 소들을 잡아먹어 버리는 것이었어요.

왕이 다시 잠들었을 때, 또 꿈을 꾸었어요. 이번에는 줄기 하나에서 일곱 이삭이 나와 잘 여물어 가는 것이 보였어요. 그런데 뒤이어 돋아난 바싹 마른 일곱 이삭이 잘 여문 일곱 이삭을 삼켜 버리는 것이었어요. 꿈을 꾸고 난 바로는 마음이 편치 않았어요. 그래서 애굽에 있는 마술사와 유식한 사람들을 불러 꿈 이야기를 했지만 아무도 꿈을 푸는 사람이 없었어요.

그때서야 왕의 술을 관리하던 신하가 자신의 꿈을 풀어주었던 요셉이 생각나 왕에게 말했어요. 왕은 당장 요셉을 감옥에서 불러냈고, 요셉은 면도를 하고 옷을 갈아입은 후 왕 앞으로 나아갔어요.

바로는 요셉에게 말했어요. "내가 꿈을 꾸었는데 그 꿈을 설명해줄 자가 없구나. 그런데 내가 들으니 너는 꿈 이야기를 듣기만 하면 푼다면서?"

요셉은 겸손하게 말했어요. "저는 그런 일을 할 수 있는 능력이 없지만, 하나님은 하실 수 있습니다." 왕의 꿈 이야기를 들은 요셉은 두 가지 꿈이 같은 꿈이라고 하며, 다음과 같이 말했어요.

"하나님께서 왕에게 앞으로 일어날 일을 말씀하신 것입니다. 일곱 마리 살찐 암소와 잘 익은 일곱 이삭은 7년 동안의 풍년을 말하는 것이고, 일곱 마리의 마른 암소와 마른 이삭은 7년의 흉년을 말하는 것입니다. 그러니 이제 왕께서는 지혜롭고 현명한 사람을 택하여 애굽을 다스리게 하셔서, 풍년이 드는 7년 동안 곡식을 거두어 잘 저장하여 7년 흉년에 대비하십시오. 그러면 흉년이 와도 염려할 것이 없게 될 것입니다."

요셉의 말을 들은 바로는 마음이 흡족했습니다. 하나님께서는 요셉에게 놀라운 지혜를 주셨어요. 하나님은 이렇게 하나님을 사랑하는 사람에게 지혜를 주신 답니다.

외울 말씀 : "요셉이 바로에게 대답하여 가로되 이는 내게 있는 것이 아니라 하나님이 바로에게 평안한 대답을 하시리이다."(창 41:16)

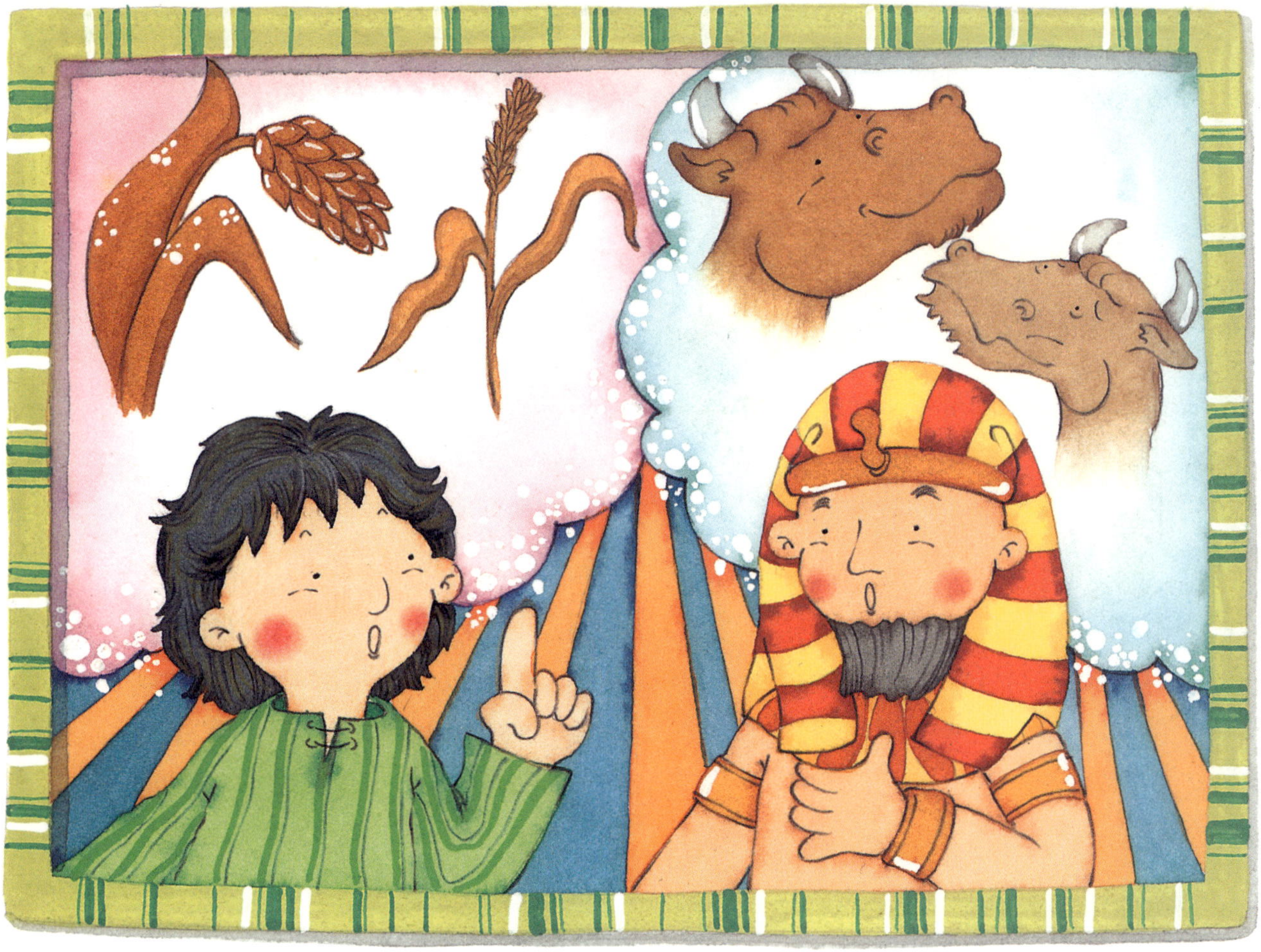

1. 바로의 첫 번째 꿈과 관계있는 것에 ○표하세요.
   (1) 살찌고 튼튼한 암소 일곱 마리(　　　)
   (2) 말라비틀어진 일곱 이삭(　　　)
2. 바로의 두 번째 꿈과 관계있는 것에 ○표하세요.
   (1) 살찌고 잘 익은 일곱 이삭(　　　)
   (2) 비쩍 마른 암소 일곱 마리(　　　)
3. 바로의 꿈은, 일곱 해 (　　　)뒤에 일곱 해 (　　　)이 올 것이라는 예고였습니다.

1. 요셉이 꿈을 해석하도록 지혜를 주신 분은 누구였는지 이야기 해 보세요.
2. 어려울 때를 위해 우리가 할 수 있는 일들은 무엇인지 말해 보세요.

17

창세기 41:37-57

국무총리가 되는 요셉

요셉의 꿈 해석을 들은 바로와 모든 신하들은 요셉의 생각이 맞는다고 생각했어요.

바로는 신하들에게 말했어요. "요셉 만큼 지혜로운 사람을 어디서 찾을 수 있겠는가? 이 사람은 하나님이 함께 하시는 사람이다." 그리고 요셉에게도 말했어요.

"하나님께서 이 모든 것을 너에게 알려 주셨으니 너보다 더 지혜롭고 현명한 사람은 없을 것이다. 그래서 너를 애굽의 총리로 임명한다. 모든 백성들이 너의 명령에 복종할 것이다. 내가 너보다 높다는 것은 이 자리에 앉아 있다는 것 뿐이다."

바로는 자기 손에서 반지를 뽑아 요셉의 손에 끼워주었어요. 그리고 좋은 옷을 입게 해주었으며 목에는 금 목걸이도 걸어 주었어요.

또 요셉이 타고 다닐 수 있는 수레도 주었는데, 어느 곳을 가든지 군인들이 앞에 서서 "머리를 숙여라!"하고 소리를 지르면, 모든 사람은 요셉에게 절을 하였어요.

요셉은 애굽의 모든 일을 책임지고 있어서 마치 왕처럼 위대해졌고, 누구든지 요셉이 하라고 하면 그대로 해야만 했어요.

왕은 요셉에게 사브낫바네아 라는 훌륭한 이름을 붙여 주었는데, 애굽 나라 말로 "비밀을 드러내는 자"라는 뜻이었어요.

또한 바로는 요셉에게 제사장 보디베라의 딸인 아스낫을 아내로 주었어요.

요셉은 어디를 가든지 크게 존경받았으며 7년 동안의 풍년에 곡식을 거두어들여 모든 성마다 엄청나게 많은 곡식을 저장하였어요.

하나님께서는 요셉에게 므낫세와 에브라임이라는 두 아들도 주셨어요.

큰아들 므낫세는 "잊어버리다"는 뜻이고, 작은 아들 에브라임은 "번성하다"라는 뜻이었어요.

7년 풍년이 지나자, 요셉의 말과 같이 7년 흉년이 들기 시작했어요. 모든 나라가 먹을 것이 없었지만 애굽 나라는 지혜로운 요셉이 있었기 때문에 흉년을 만나도 굶어 죽는 사람이 없었지요.

외울 말씀 : "바로가 그 신하들에게 이르되 이와 같이 하나님의 신이 감동한 사람을 우리가 어찌 얻을 수 있으리요 하고"(창 41:38)

함께 공부해요

1. 요셉에게 (   )이 감동하였기에 지혜로울 수가 있었습니다.
2. 왕은 요셉을 애굽의 (   )로 임명했습니다.
3. 왕은 요셉에게 (   )라는 이름을 붙여 주었습니다.
4. 요셉의 아내는 (   )라는 처녀였습니다.
5. 요셉의 두 아들은 (   )과 (   )입니다.

함께 이야기해요

1. 요셉은 어떻게 애굽의 국무총리가 될 수 있었나요?
2. 여러분이 훌륭한 사람이 되기 위해서 어떤 일을 해야 될까요?

18

출애굽기 1:1-22

애굽의 노예가 된 이스라엘 백성

요셉의 초청으로 이스라엘 백성들이 애굽 땅에서 산지가 400년이 지나자, 요셉을 잘 알던 왕이 죽고, 요셉을 알지 못하는 사람이 왕이 되었어요. 애굽 사람들은 왕을 바로라고 불렀어요.

하나님께서 이스라엘 사람들에게 많은 자손을 주셔서 해가 갈수록 큰 민족이 되자, 왕은 이스라엘 백성들이 두려웠어요.

바로는 신하들에게 명령했어요. "이스라엘 백성이 너무 많고 강하니 전쟁이 일어나면 그들은 우리의 적들과 손을 잡고 우리에게 대항할지도 모른다. 그러니 이들을 난폭하게 다루어라."

바로는 비돔과 라암셋이라는 두 창고 성을 건축하는 일에 이스라엘 사람들을 노예로 부렸어요. 그리고 감독을 두어 긴 채찍으로 열심히 일하지 않는 이스라엘 사람을 사정없이 때리도록 하였어요.

그러나 괴롭히면 괴롭힐수록 이스라엘 사람의 수는 늘어났어요. 그러자 바로는 이스라엘의 세력을 누르는 가장 잔인한 방법을 생각해 내게 되었어요.

왕은 산파들에게 명령했어요.

"이스라엘 백성들의 집에 사내아이가 태어나면 죽이고, 여자아이가 태어나면 살려 주어라."

그러나 이 산파들은 하나님을 공경하는 사람들이었기 때문에, 왕의 명령을 어기고 몰래 남자아이를 살려 주었어요. 하나님은 왕보다 더 크신 분이시기 때문이었지요.

바로가 산파들은 불러서 왜 자기의 명령을 지키지 않았느냐고 혼내자, 산파들은 이렇게 대답했어요. "왕이여, 히브리 여자들은 애굽 여자들보다 훨씬 튼튼합니다. 그래서 우리가 그들에게 도착하기 전에 벌서 아기를 낳아 버립니다."

이처럼 산파가 하나님을 경외하였으므로, 하나님이 그들의 집을 축복하셔서 모든 일이 잘 되도록 도와 주셨어요.

그렇지만 바로는 더욱 이스라엘 사람을 학대했어요. 바로는 마침내 온 백성에게 명령을 내렸어요. "히브리 여자들이 여자아이를 낳으면 살려 두되, 남자아이를 낳으면 모두 강물에 던져 버려라."

외울 말씀 : "산파는 하나님을 경외하였으므로 하나님이 그들의 집을 왕성케 하신지라."(출 1:21)

함께 공부해요

1. 애굽 사람들은 왕을 (   )라고 부릅니다.
2. 바로는 이스라엘 사람의 집에 남자아이가 태어나면 (   )라고 했습니다.
3. 이스라엘 산파들은 하나님을 (   )하는 사람들이었습니다.
4. 산파가 하나님을 (   )하였으므로, 하나님이 그들의 집을 (   )하셨습니다.

함께 이야기해요

1. 왜 애굽 왕은 이스라엘 백성들을 두려워했는지 말해 보세요.
2. 이스라엘 백성들이 고통 중에도 불어나는 이유에 대해 말해 보세요.

19

출애굽기 2:1-10

공주의 아들이 되는 모세

이스라엘 여인들이 남자아이를 낳으면 다 죽이라고 바로 왕이 명령했을 때, 레위 가문의 한 가정에 남자아이가 태어났어요. 아기의 엄마는 아기가 너무 잘 생겨서 석 달 동안 집안에 숨겨서 길렀어요.

그러다가 더 숨겨둘 수 없게 되자, 왕골상자를 얻어다가 역청과 송진을 바르고, 그 속에 아기를 뉘어 갈대 숲 속에 놓아두었어요. 그리고 아기의 누나 미리암이 멀리 서서 어떻게 되는지 살펴보고 있었어요.

마침 바로의 딸이 목욕하러 강에 나왔다가 갈대 숲 속에 있는 상자를 보았어요. 시녀를 보내어 건져다가 열어 보았더니, 잘생긴 남자 아기가 있는 것이었어요.

공주는 이 아기가 히브리 사람의 아이임을 눈치챘어요. 자기의 아버지 바로가 알면 당장 죽이라고 하겠지만, 이 귀여운 아기를 죽이기에는 너무나 가엾고 아까웠어요. 공주는 아기가 불쌍하여 자기가 길러야겠다는 생각이 들었지만, 아기를 키울 일이 걱정이었어요.

그 때 숨어서 이 광경을 보고 있던 아기의 누나가 공주 앞에 나아가 말했어요. "공주님, 공주님을 위해서 아기에게 젖을 먹일 히브리 여자를 불러올까요?"

공주는 반갑게 말 했어요 "그래, 어서 다녀오너라." 아기의 누나는 가서 아기의 어머니를 불러왔어요.

공주는 그에게 부탁했어요. "내가 삯을 충분히 줄 터이니 이 아기를 데려다가 젖을 먹여 잘 길러다오." 그래서 아기는 다시 친엄마에게서 자라게 되었습니다.

아기는 엄마 요게벳의 품에서 가족들의 사랑을 받으며 무럭무럭 잘 자랐어요. 엄마는 자라는 아이에게 하나님에 대해 가르쳐 주었고, 그가 히브리 사람이라는 것을 늘 말해 주며 길렀어요.

아기가 꽤 자란 후에 어머니는 아이를 공주에게 데려갔어요. 공주는 좋아하며 그 아이를 자기의 아들로 삼았어요. 그리고 물에서 건져냈다고 하여 모세라는 이름을 지어 주었어요. 모세는 궁중에서 많은 학문을 배우며 씩씩하고 지혜로운 사람으로 성장하게 되었어요.

외울 말씀 : "그가 그 이름을 모세라 하여 가로되 이는 내가 그를 물에서 건져내었음이라 하였더라."(출 2:10)

함께 공부해요

1. 어머니는 아기를 (   )에 넣어 물에 띄웠습니다.
2. 모세는 어머니는 (   )이며, 누나는 (   )입니다.
3. 다음과 같이 말한 사람은 누구일까요?
   ⑴ "공주님을 위해서 아기에게 젖을 먹일 히브리 여자를 불러올까요?" (   )
   ⑵ "삯은 충분히 줄 테니 이 아기를 잘 길러다오." (   )

함께 이야기해요

1. 바로의 공주는 아기를 누가 버렸다고 생각했나요?
2. 우리가 도와주어야 할 사람들은 어떤 사람들인지 이야기 해 보세요.

출애굽기 2:11-22

광야로 도망치는 모세

세월이 흘러 모세는 어른이 되었어요. 어느 날, 모세는 한 애굽 사람이 모세와 같은 백성인 히브리 사람을 심하게 때리는 것을 보았어요. 주변을 살펴서 아무도 없는 것을 확인한 모세는 그 애굽 사람을 죽이고 시체를 모래 속에 묻어 버렸어요.

모세는 다음 날, 히브리 사람의 일터로 갔다가 히브리 사람 둘이 서로 다투는 것을 보았어요. 그런데 그 중 한 사람이 상대방을 심하게 때리는 것이었어요.

모세는 안타까워하며 그 중에서 잘못한 사람을 꾸짖자, 그는 화를 벌컥 내면서 "당신이 뭔데 이래라 저래라 하는 거요? 어제는 애굽 사람을 죽이더니, 이제 나도 죽일 셈이요?"하고 따지는 것이었어요.

모세가 애굽 사람을 죽였다는 사실이 왕궁에 퍼지자 바로는 모세를 찾아서 죽이려고 하였어요.

모세는 바로에게서 달아나 멀리 미디안 땅으로 도망가 살았어요.

하루는 모세가 어느 우물가에 앉아 '이제 무엇을 해야 하나' 하고 걱정을 하고 있었어요. 그 때 여러 처녀들이 물을 길러 우물가로 나왔어요.

이 처녀들은 미디안 제사장 이드로의 일곱 딸들이었어요. 그들이 우물가에 와서 구유에 물을 붓고 아버지의 양떼에게 물을 먹이려고 하는데, 목동들이 나타나서 처녀들을 쫓았어요.

이것을 본 모세는 목동들을 쫓아버리고, 양떼에게 물을 먹여 주었어요.

딸들이 돌아오는 것을 보고 아버지 이드로는, "오늘은 웬일로 일찍 돌아오느냐?"하고 묻자, 딸들은 대답했어요.

"어떤 애굽 사람이 목동들의 행패를 물리쳐 우리를 건져 주고, 양들에게 물을 길어 먹여 주었습니다."

이 말은 들은 아버지는 딸들에게 말했어요. "그 사람이 어디 있느냐? 그런 사람을 그냥 두고 오다니 될 말이냐? 어서 모셔다가 음식을 대접해라."

이 일이 있은 후 모세는 이드로의 집에서 사는 것을 좋아했어요. 이드로는 모세와 자기 딸 십보라를 결혼시켰어요.

외울 말씀 : "한 애굽 사람이 우리를 목자들의 손에서 건져내고 우리를 위하여 물을 길어 양무리에게 먹였나이다."(출 2:19)

함께 공부해요

1. 바로 왕이 왜 모세를 죽이려고 했나요?
   (1) 모세가 애굽 사람을 죽였기 때문에(   )
   (2) 모세가 히브리 사람을 죽였기 때문에(   )
2. 모세는 바로를 피하여 (   ) 땅으로 도망을 갔습니다.
3. 모세는 미디안 땅의 제사장 (   )의 집에서 살았습니다.
4. 모세는 (   )라는 처녀와 결혼을 했습니다.

함께 이야기해요

1. 모세가 이드로의 사위가 되고, 가정을 꾸밀 수 있었던 이유를 말해 보세요.
2. 어려움을 당한 친구들을 도와준 일에 대해 서로 이야기 해 보세요.

21

출애굽기 3:1-4:17

모세를 부르시는 하나님

모세가 미디안 땅에 살고 있는 동안에도 애굽 사람들은 여전히 이스라엘 백성들을 학대했습니다. 이스라엘 백성들은 너무 고통스러워 도와 달라고 하나님께 부르짖었어요.

하나님께서는 그 부르짖음을 들으시고 아브라함, 이삭, 야곱과 맺은 약속을 기억하셨어요. 그래서 모세를 통하여 그들을 도와주시기로 하셨어요. 모세는 장인 이드로의 양떼를 치는 목자의 일을 하고 있었어요.

하루는 모세가 양떼를 몰고 광야를 지나 하나님의 산인 호렙산에 이르자, 갑자기 이상한 광경을 보았어요. 떨기나무에 불이 붙었는데, 타지는 않는 것이었어요. 그것을 보고 있는데 갑자기 떨기나무 불꽃 속에서 하나님께서 "모세야! 모세야!"하고 부르시는 것이었어요. 깜짝 놀란 모세가 "예, 하나님. 제가 여기 있습니다."라고 대답하자 하나님께서는 "더 가까이 오지 말라. 네가 서 있는 땅은 거룩한 곳이니 네 발에서 신을 벗어라" 하시고는 다시 말씀 하셨어요.

"나는 네 조상들의 하나님이다. 아브라함의 하나님, 이삭의 하나님, 야곱의 하나님이다." 모세는 하나님을 바라보는 것이 두려워서 얼굴을 가렸어요. 하나님께서는 계속해서 모세에게 말씀하셨어요.

"나는 내 백성이 애굽에서 고생하는 것을 똑똑히 보았고, 억압받으며 괴로워서 울부짖는 소리를 들었다. 이제 내가 내려가서 그들을 애굽 사람의 손아귀에서 빼내어 젖과 꿀이 흐르는 땅으로 데려 가겠다. 이제 너를 바로에게 보낼 테니 내 백성을 애굽에서 건져내어라."

그러나 모세가 하나님께, "제가 무엇인데 감히 바로에게 가서 이스라엘 백성을 애굽에서 건져내겠습니까?" 라고 말하자, 하나님은 말씀하셨어요.

"내가 네 힘이 되어 주겠다. 네가 백성을 애굽에서 인도하여 낸 후에 이 산에서 내게 예배할 것이다."

하나님께서는 모세가 이스라엘 사람들에게 가서 할 말과 할 일들을 가르쳐 주셨어요. 그리고 여러 가지 기적을 행할 수 있는 힘도 주셨어요.

외울 말씀 : "여호와의 사자가 떨기나무 불꽃 가운데서 그에게 나타나시니라. 그가 보니 떨기나무에 불이 붙었으나 사라지지 아니하는지라."(출 3:2)

함께 공부해요

1. 다음은 누가 한 말입니까?
   (1) "모세야! 모세야!" (　　　　　　　)
   (2) "예, 하나님 제가 여기 있나이다." (　　　　　　　)
2. 관계 있는 것끼리 선으로 연결하세요.

• 모세가 떨기나무 불꽃을 본 산	• 젖과 꿀이 흐르는 땅.
• 하나님의 명령	• "신을 벗어라"
• 이스라엘 백성들이 갈 곳	• 호렙산

함께 이야기해요

1. 하나님이 모세를 애굽으로 보내시려는 이유에 대해 말해 보세요.
2. 지금 여러분 각자에게 하나님은 어떤 명령을 하고 계실까요?

출애굽기 7:14-8:19

열 가지 재앙(1)

하나님께서는 모세에게, 바로는 고집이 세서 이스라엘 백성들을 내 보내려하지 않으니 그가 아침에 나일강가로 나올 때 기다리고 있다가 만나라고 하셨어요. 하나님께서 말씀하신 대로 바로가 산책을 나오자, 모세는 이스라엘 백성을 보내 달라고 하였어요. 그러나 바로는 모세의 말을 듣지 않았어요.

모세는 하나님이 말씀하신 대로 아론에게 지팡이로 강물을 치라고 했어요. 아론이 그대로 하자 강물은 모두 피가 되었어요. 강에 있는 고기가 죽어 물에서는 썩는 냄새가 나서 애굽 사람들은 먹을 물이 없게 되었어요. 그러나 애굽의 마법사들도 마술을 써서 같은 재주를 부리자 바로는 더욱 고집스러워져서 모세의 말을 듣지 않았어요.

하나님께서는 나일강의 물을 피로 변하게 하신지 칠 일이 지난 후에 다시 모세에게 말씀하셨어요. 바로에게 가서 전하여라. "내 백성을 보내지 않으면 온 나라를 개구리로 가득 차게 하고, 애굽의 모든 집과 심지어는 이불 속과 몸 속으로 개구리들이 뛰어들 것이다."

하나님이 모세에게 말씀하신 대로 아론이 그의 지팡이를 들고 모든 강가 쪽으로 손을 뻗치자, 수많은 개구리가 기어 올라와 애굽의 온 땅을 뒤덮었어요.

그러자 애굽의 마술사들도 개구리들이 애굽 땅에 올라오게 하였어요. 그러나 그들은 올라온 개구리들을 없앨 수는 없었어요. 바로는 모세와 아론을 불러 하나님께 기도하여 개구리를 없애주면 이스라엘 백성들을 보내 주겠다고 했어요. 다음 날 아침, 모세가 기도했더니 개구리들이 다 죽었어요. 개구리가 사라지자, 바로는 또 마음이 바뀌어 이스라엘 백성들을 보내 주지 않았어요.

그래서 이번에도 하나님이 모세에게 말씀하신 대로 아론이 지팡이를 들어 땅의 먼지를 치자, 애굽 온 땅의 먼지가 이로 변하여 사람과 짐승들에게 달려들었어요.

애굽의 마술사들도 똑같이 해 보려고 하였으나 되지 않았어요. 그들은 바로에게 "이것은 하나님의 능력으로 된 일입니다" 라고 말했지만 바로는 듣지 않았어요.

외울 말씀 : 너는 바로에게 가서 그에게 이르기를 여호와의 말씀에 내 백성을 보내라. 그들이 나를 섬길 것이니라"(출 8:1)

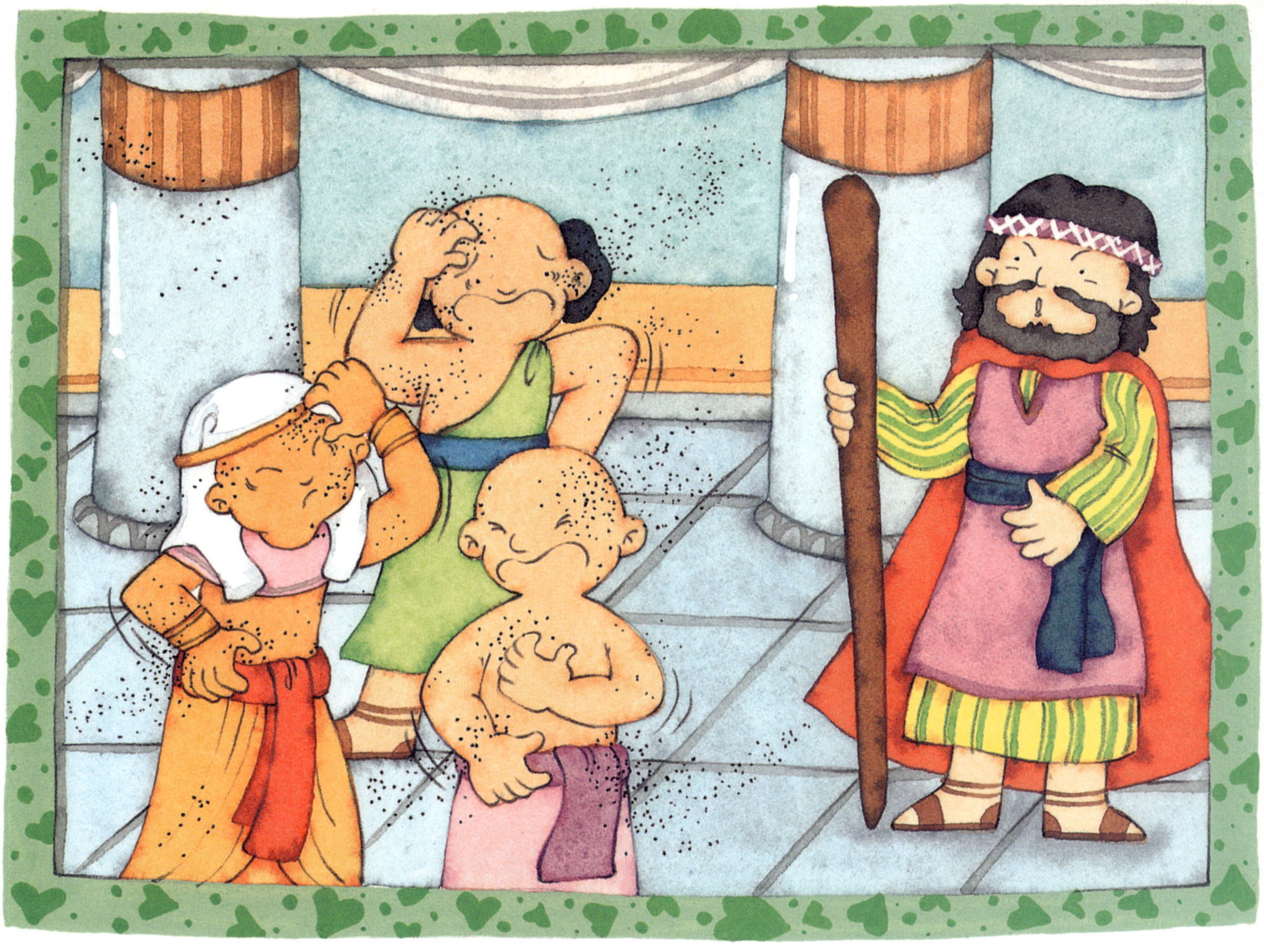

1. 관계있는 것끼리 선으로 연결하세요.

• 지팡이로 강물을 침	• 이
• 지팡이로 강을 가리킴	• 피
• 지팡이로 먼지를 침	• 개구리

2. 바로는 여러 가지 (   )을 당하면서도 (   )백성을 내 보내지 않았습니다.

1. 애굽의 모든 물이 피로 변하자, 어떤 일이 일어났나요?
2. 애굽 온 땅이 개구리로 가득 하자, 어떤 일이 일어났을까요?
3. 이런 일들을 일으키는 분은 누구일까요?

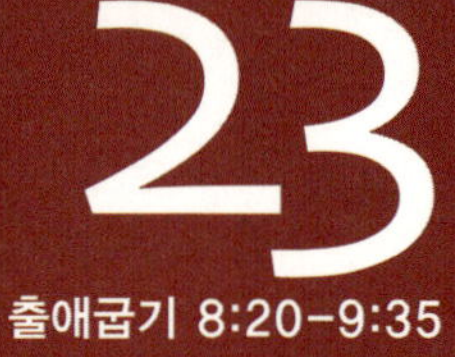

출애굽기 8:20-9:35

열 가지 재앙(2)

모세는 바로를 만나서 하나님이 말씀하신 대로 말했습니다. "이스라엘 백성들을 보내어 하나님을 예배하게 하십시오. 만약 보내지 않으면 파리 떼를 보낼 것입니다." 이번에도 바로는 말을 듣지 않았어요. 그래서 애굽 사람의 모든 집과 땅이 파리 떼로 덮여 엉망이 되자 바로는 모세와 아론을 불러 이스라엘 백성을 보내 주겠다고 하였어요. 모세는 하나님께 기도하여 파리 떼를 모두 없어지게 했습니다. 파리 떼가 없어지자 바로는 마음이 달라져 또 이스라엘 백성들을 광야로 보내지 않았습니다.

다시 하나님께서는 모세에게 말씀하셨어요. "들에 있는 애굽 사람의 모든 짐승에게 끔찍한 전염병을 내려 모두 병들어 죽게 할 것이다. 하지만 이스라엘 사람들의 짐승은 하나도 죽지 않을 것이라고 바로에게 전해라." 모세는 바로에게 이 사실을 전했지만 바로는 모세의 말을 듣지 않았어요.

다음 날 애굽의 가축이 모두 죽자 바로는 사람을 보내어 이스라엘 사람들의 가축도 죽었는지 알아보았어요. 한 마리도 죽지 않은 것을 알게 되었는데도 바로는 고집을 부리고 이스라엘 백성들을 내 보내려고 하지 않았어요. 그래서 하나님께서는 모세와 아론에게 말씀하셨어요. "아궁이의 재를 두 손에 가득히 움켜쥐어라. 그리고 바로 앞에 가서 그것을 공중에 뿌려라. 그것이 먼지가 되어 살에 닿는 애굽 사람과 가축은 종기가 나서 곪아터지게 될 것이다."

모세가 하나님이 말씀하신 대로하자, 애굽에 있는 모든 사람과 가축은 종기가 나서 곪아터지게 되었어요. 그래도 바로의 마음은 여전히 완악해서 이스라엘 백성들을 보내려고 하지 않았어요. 하나님께서 다시 모세를 통해 바로에게 경고하셨어요.

"내일 이맘 때 나는 우박을 땅에 쏟을 것이다. 집으로 안전하게 불러들인 가축은 살 것이나, 들에 있는 것들은 다 죽으리라."

다음날 모세가 하늘을 향해 지팡이를 쳐들자, 갑자기 무서운 우박이 퍼붓기 시작했고, 번개가 땅 위에 떨어졌어요. 들에 있던 가축과 곡식, 채소가 모두 죽었어요. 그러나 이스라엘 사람들이 사는 고센 땅에는 우박이 전혀 내리지 않았어요.

외울 말씀 : "이스라엘 자손의 거한 고센 땅에는 우박이 없었더라."(출 9:26)

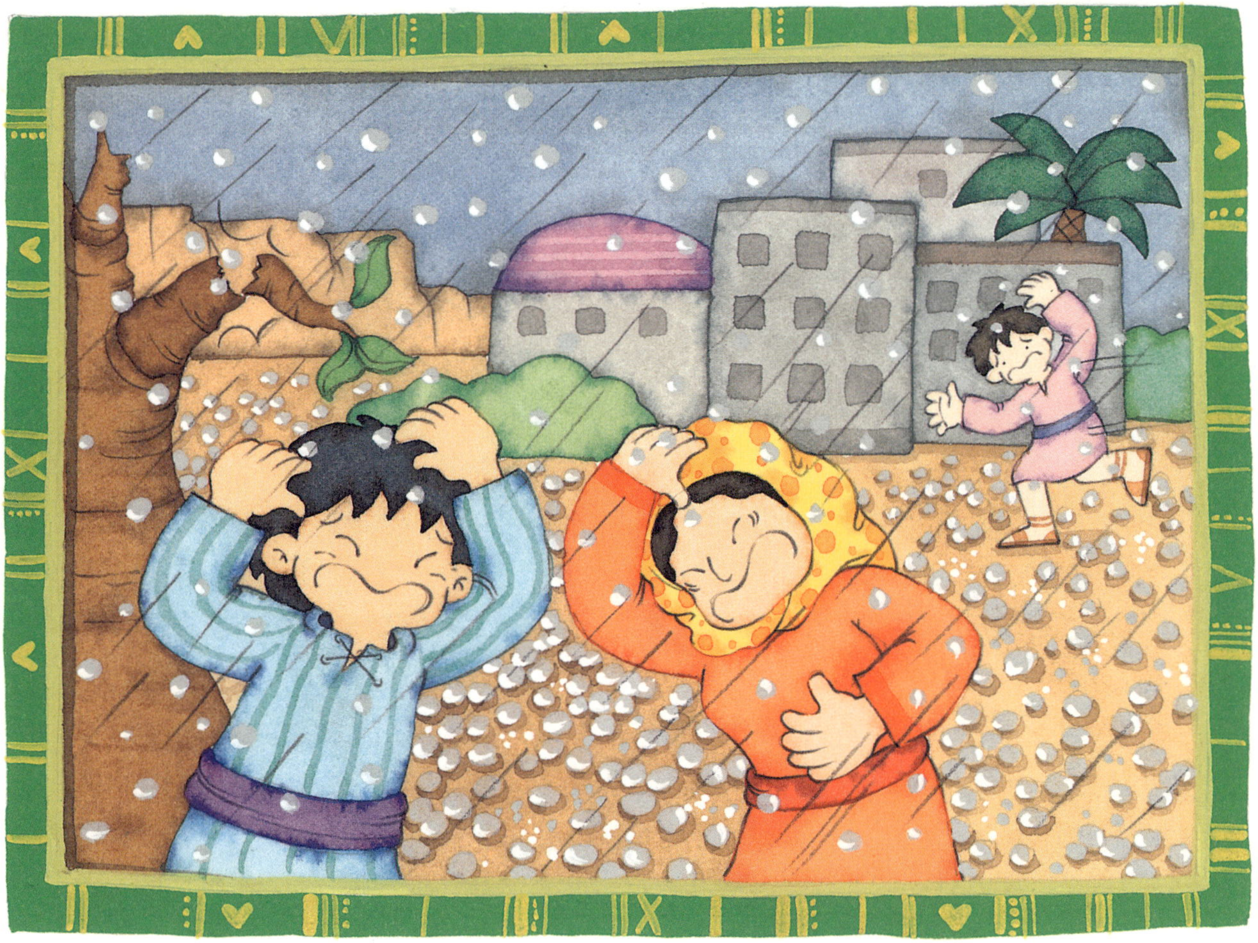

1. 관계있는 것끼리 줄로 연결하세요.

• 파리 떼	• 애굽 사람의 가축
• 끔찍한 전염 병	• 애굽 사람의 온 집
• 재를 날림	• 종기가 나서 곪아터짐
• 하늘을 향해 지팡이를 쳐듦	• 우박이 내림

2. 이 모든 재앙이 이스라엘 백성이 사는 (　　　　　　) 땅에는 내리지 않았습니다.

함께 이야기해요

1. 온 집에 파리 떼가 가득 차면 어떻게 될는지, 그 고통을 이야기 해 보세요.
2. 어떤 때 하나님께서 재앙을 내리시는지에 대해 서로 이야기 해 보세요.

24

출애굽기 10:1-29

열 가지 재앙(3)

하나님이 모세에게 말씀하셨어요. "너는 가서 바로를 만나라. 내가 그들에게 놀라운 기적들을 보이려고 바로와 그 신하들이 고집을 부리게 하였다. 이는 내가 애굽 사람을 어떻게 혼내주었고, 그들에게 어떤 기적을 보였는지를 네가 네 후손에게 대대로 자랑스럽게 얘기해 주도록 하기 위함이며, 너희에게는 내가 하나님임을 알게 하려는 것이다."

모세와 아론은 바로에게 가서, 만약 하나님께 순종하지 않으면 내일 하나님께서 메뚜기를 보내서 남아 있는 농작물을 다 먹어 버리게 할 것이라고 하였어요. 그러나 바로는 이스라엘 백성을 보낼 것을 거절했어요.

하나님이 모세에게 다시 말씀하셨어요. "너의 손을 애굽 땅 위에 뻗쳐라. 그러면 메뚜기 떼가 몰려오리라." 모세가 손을 뻗치자 하나님께서는 동풍을 불게 하셔서 메뚜기 떼를 온 땅에 덮히게 하셨고, 메뚜기 떼는 우박에도 해를 입지 않은 모든 채소를 다 먹어 버렸어요.

바로는 황급히 모세와 아론을 불러서 말했습니다. "내가 죄를 지었으니 내 죄를 용서하여라. 메뚜기를 없애 주도록 하나님께 기도해다오." 모세가 하나님께 기도하자, 하나님께서는 강한 서풍을 보내셔서 메뚜기 떼를 홍해에 휩쓸어 빠뜨려 죽게 하셨어요. 그러나 바로는 또다시 마음을 바꾸어 이스라엘 백성들을 보내지 않았습니다.

다시 하나님의 말씀대로 모세가 하늘을 향하여 손을 들자, 애굽 땅이 갑자기 어두워졌어요. 그들은 삼 일 동안 서로 볼 수도 없었고, 집 밖을 나갈 수도 없었지만, 이스라엘 사람들이 살고 있는 곳은 밝았습니다.

바로가 다시 모세를 불러서 말했습니다. "좋다. 가서 하나님께 예배를 드리도록 하라. 아이들은 데리고 가도 좋지만, 가축들은 놓아두고 가라."

그러나 모세는 하나님께 예배를 드리려면 짐승들을 바쳐야 하기 때문에, 데리고 가지 않을 수 없다고 대답했어요. 바로는 그만 화가 나서 모세에게 "썩 물러가거라. 다시는 내 얼굴을 볼 생각을 말아라. 다시 한 번 왔다가는 죽을 줄 알아라"고 말했어요.

외울 말씀 : "이스라엘 자손이 거하는 곳에는 광명이 있었더라"(출 10:23)

함께 공부해요

1. 메뚜기 떼는 우박을 맞지 않은 애굽의 모든 (　　　　　)을 다 먹어 버렸습니다.
2. 하나님은 (　　　　)을 불게 해서 메뚜기 떼를 오게 했고, (　　　　)을 불게 해서 메뚜기 떼를 홍해에 빠뜨렸습니다.
3. 애굽 땅은 어두워져서 (　　　　　)일 동안 서로 볼 수 없게 되었습니다. 그러나 (　　　　　) 사람들이 사는 곳은 밝았습니다.

함께 이야기해요

1. 온 세상이 빛이 없이 깜깜하다면 사람들은 어떻게 될까요?
2. 우리가 자꾸 마음을 바꾼다면, 하나님은 어떻게 생각하실 까요? 서로 나누어 보세요.

마지막 재앙

마침내 모세는 바로에게 말했습니다. 하나님께서 이렇게 말씀하셨습니다.

"애굽 땅에 있는 사람과 가축의 처음 태어난 것은 다 죽여서 온 나라가 전에도 없었고 앞으로도 없을 큰 슬픔으로 통곡하게 될 것이다. 그러나 이스라엘 사람이나 그들의 가축에는 그런 일이 일어나지 않을 것이다." 이번에도 바로는 모세의 말을 듣지 않았습니다.하나님께서는 모세와 아론에게 이스라엘의 모든 집은 흠이 없는 일 년 된 수양을 잡아 그 피를 집 대문 양쪽에 바르고, 그 날 밤에 고기를 불로 구워 누룩 없는 빵과 쓴 나물을 곁들여 먹으라고 하셨어요. 이것은 이스라엘 백성이 대대로 기념하여야 할 '유월절'이라고 하셨어요.

모세는 이스라엘 모든 장로들을 불러 집집마다 양을 한 마리씩 끌어다가 유월절 제물로 잡아 그 피를 대문 양쪽에 바르고, 하나님께서 지시하신 대로 먹고, 아침까지 아무도 문밖으로 나가서는 안 된다고 전했어요. 하나님께서 애굽 사람을 치러 두루 다니실 때, 양의 피를 보시면 그냥 지나가시고, 피가 발라져 있지 않은 집의 맏아들과 짐승을 죽이실 테니 유월절 예식을 지키라고 하셨어요.

드디어 무서운 밤이 왔어요. 한밤중에 하나님께서 양의 피를 바르지 않은 집, 곧 애굽 땅에 있는 모든 맏아들을 모조리 죽이셨어요. 바로의 맏아들로부터 감옥에 갇힌 사람의 맏아들까지, 짐승의 처음 난 것까지 다 죽고 말았어요. 밤중에 온 애굽 사람들은 맏아들이 죽은 슬픔으로 통곡하며 울었어요. 바로는 모세와 아론을 불러서 당장 모든 이스라엘 사람들을 데리고 가라고 하였어요. 이스라엘 백성들은 애굽 사람들로부터 금, 은 보석과 의복까지 받아서 애굽을 떠나게 되었어요.

그 날 밤, 이스라엘 집에서 잡은 어린양은 우리의 구세주 예수님을 상징하는 것이었어요. 그 양은 사람들을 위해 죽었고, 그 양의 피가 사람들을 죽음에서 구한 것처럼, 예수님도 우리를 위해서 십자가에서 죽으셨고, 그 예수님을 믿는 자마다 구원을 얻게 되는 것이랍니다.

외울 말씀 : "그 피로 양을 먹을 집 문 좌우 설주와 인방에 바르고"(출 12:7)

함께 공부해요

1. 하나님께서 이스라엘의 모든 집은 흠없고 (　　　　)년 된 (　　　　)을 잡으라고 하셨습니다.
2. 어린양의 (　　　　)를 이스라엘의 모든 집 (　　　　)양쪽에 발라야 했습니다.
3. 여호와 하나님은 대문에 피가 없는 집의 (　　　　)과 짐승의 (　　　　) 난 것을 다 죽이셨습니다.
4. 이스라엘 백성은 이 날을 기념하여 대대로 (　　　　)을 지켰습니다.

함께 이야기해요

1. 문설주에 바른 양의 피는 그 집 사람들을 무엇으로부터 구했을까요?
2. 십자가에서 흘리신 예수님의 피는 우리에게 어떤 일을 했나요?

26

출애굽기 13:20-14:31

홍해를 육지같이 건너감

마침내 바로는 이스라엘 백성을 내보내게 되었어요. 이스라엘 백성은 드디어 자유의 몸이 된 것이지요. 하나님께서는 그들을 광야 끝에 있는 에담이라는 곳으로 인도하였어요.

이스라엘 백성들이 광야를 여행하는 동안 하나님께서 낮에는 구름기둥으로, 밤에는 불기둥으로 인도하셨어요. 구름 기둥으로 따가운 햇볕을 막아 주셔서 시원한 그늘이 되게 하셨고, 밤에는 불기둥으로 추운 광야의 밤을 따뜻하게 지내도록 해 주셨어요.

이스라엘 백성들이 애굽을 다 떠났다는 사실을 안 바로와 그의 장관들은 마음이 변했어요. 그들의 힘든 일을 해 주던 이스라엘 백성들을 보낸 것이 후회가 되어, 곧 군대를 이끌고 이스라엘 백성이 머무는 곳까지 따라왔어요.

바로와 그 군대가 쫓아오는 것을 본 이스라엘 사람들은 놀라서 하나님께 부르짖으며, 모세를 향하여 원망하기 시작했어요.

모세는 이스라엘 백성들에게 소리쳤어요.

"두려워하지 말아라. 하나님께서 너희를 어떻게 구원하시는지 보아라. 너희가 오늘 보는 애굽 사람들을 다시는 보지 않게 되리라. 하나님께서 너희를 위하여 싸워 주실 것이니 모두들 진정하여라."

바로와 애굽 군인들이 이스라엘 백성이 있는 곳에 거의 다 왔을 때, 이스라엘 앞에서 인도하던 구름기둥이 뒤로 옮겨져서 애굽 군인들의 앞을 막았어요.

그랬더니 바로가 있는 쪽은 캄캄해져 군인들이 앞을 볼 수가 없었고, 이스라엘 백성 쪽은 대낮처럼 밝았어요.

하나님께서 모세에게 말씀하신 대로 자기의 지팡이로 홍해를 가리켰더니, 홍해가 갈라져 마른 길이 되어 이스라엘 백성들은 바다를 육지같이 건널 수 있었어요.

이스라엘 백성이 다 건너간 다음, 바로와 그의 군대가 바다 가운데로 들어와 이스라엘 백성을 추격하자, 하나님은 모세에게 팔을 바다 위로 뻗치라고 하셨어요. 모세가 그대로 하자, 바닷물이 제자리로 와 바로의 군대는 한 사람도 살아남지 못하게 되었습니다.

외울 말씀 : "낮에는 구름기둥, 밤에는 불기둥이 백성 앞에서 떠나지 아니하니라."(출 13:22)

함께 공부해요

1. 하나님은 구름기둥으로 따가운 (　　　　　　)을 막아 주셔서 이스라엘 백성들이 쉴 수 있는 시원한 (　　　　　　)이 되게 하셨습니다.
2. (　　　　　　)으로 추운 광야의 밤을 따뜻하게 해 주었습니다.
3. 관계있는 것끼리 선으로 이으세요.

• 모세를 원망한 사람들	• 바다가 갈라짐
• 지팡이로 홍해를 가리킴	• 이스라엘 백성

함께 이야기해요

1. 하나님께서 이스라엘 백성들을 구출해 낸 이야기들을 해 보세요.
2. '불기둥' '구름기둥' 이란 말로 3행시, 혹은 4행시를 지어 보세요.